Aus der Muffinform

pikant und ganz anders

> Autor: Volker Eggers | Fotos: Jörn Rynio

Inhalt

Die Theorie

Die Rezepte

Pikanter Genuss aus der Muffinform

Muffins liegen voll im Trend. Dass man in der Muffinform aber auch anderes als die klassischen Blaubeer-, Schoko- oder Käsemuffins zubereiten kann, zeigen wir Ihnen in diesem Buch. Die Vielfalt ist riesig: Hier finden Sie bekannte internationale Gerichte in neuem Outfit, pfiffige Ideen für die Party, Edles für besondere Anlässe oder fantasievolles Fingerfood aus der Mini-Muffinform. Viel Spaß beim Zubereiten und Verwöhnen!

Grundrezept

Der Klassiker für Feingebäck

Mürbeteig lässt sich vielseitig zubereiten: als Plätzchen und als Boden für süße und pikante Torten wie Quiche Lorraine. Der Teig, der immer dünn ausgerollt wird, ist wie geschaffen zum Belegen mit Cremes, Obst, Gemüse oder herzhaften Füllungen für Tartes und Pies. Er ist schnell und einfach gemacht. Man sollte ihm nur etwas Zeit zum Kühlen geben, damit er sich besser weiterverarbeiten lässt.

Mürbeteig

FÜR 12 STANDARDMUFFINS

➤ **125 g kalte Butter**
250 g Mehl
ca. 1/2 TL Salz
1 Ei
oder 1 Eigelb mit
1–2 EL eiskaltem Wasser

TIPP

Die Kälte macht's

Wichtig bei der Zubereitung sind gut gekühlte Zutaten und eine sehr kurze Verarbeitungszeit, damit der Teig nicht weich und zäh wird. Legen Sie das Mehl am besten 1 Stunde vor der Zubereitung ins Gefrierfach.

1 *Die Butter in Würfel schneiden. Das Mehl in eine Rührschüssel geben. Butter, Salz, Ei oder Eigelb und Wasser zugeben.*

2 *Die Zutaten mit den Knethaken des Handrührgeräts vermengen, bis sie sich zusammenballen. Dann mit den Händen rasch zu einem glatten Teig kneten.*

3 *Aus dem Teig einen Kloß formen und in Klarsichtfolie wickeln. Ca. 1 Std. zum Ruhen in den Kühlschrank legen.*

4 *Den Mürbeteig nach dem Kühlen kurz durc kneten und auf einer leicht bemehlten Arbeitsfläche oder zw schen Klarsichtfolie passend ausrollen.*

Die besten Teige für pikante Muffins

Hefeteig

Er ist besonders locker und saftig und lässt sich gut belegen und füllen. Damit er gelingt, wird die frische Hefe in lauwarmer Flüssigkeit (Wasser oder Milch) aufgelöst und zugedeckt an einen warmen Ort gestellt, bis sich Bläschen bilden. Danach verknetet man die Hefemischung mit den übrigen Zutaten zu einem geschmeidigen Teig und lässt ihn wieder gehen, bis er sein Volumen verdoppelt hat. Wer es sich leichter machen möchte, nimmt statt der frischen Hefe einfach getrocknete, die es in Tütchen gibt. Ein Päckchen reicht für ca. 500 g Mehl.

Brandteig

Dieser luftige Teig ist schnell gemacht und wie geschaffen zum Füllen: Wasser, Salz und Fett aufkochen, das Mehl hineinschütten und so lange mit einem Rührlöffel rühren, bis sich auf dem Topfboden ein weißer Film bildet und sich der Teig als Kloß löst. Dann in eine Schüssel geben und die Eier einzeln unterrühren, bis die Masse glänzt. Da Brandteig sehr weich ist, wird er entweder gespritzt oder löffelweise in die Mulden der Muffinsform gesetzt. Wichtig: Auf keinen Fall während der ersten Viertelstunde den Backofen öffnen, da der Teig sonst zusammenfällt.

Strudelteig

Dieser elastische Teig braucht eine starke Hand: Für ihn knetet man Mehl, Wasser, Öl oder flüssige Butter und Salz kräftig durch. Dann muss der Teig, am besten mit einer heiß ausgespülten Schüssel überstülpt, einige Zeit ruhen. Danach wird er auf einem bemehlten Geschirrtuch ausgerollt und hauchdünn mit den Händen auseinandergezogen. Für Strudel bestreicht man den Teig mit flüssiger Butter, verteilt die Füllung darauf und rollt ihn auf. Für z. B. kleine Strudeltaschen werden die Teigecken über der Füllung zusammengedrückt.

Fertigprodukte

Der Handel bietet eine Vielzahl an Fertigteigen an. Dazu gehören tiefgefrorener Blätter- und Hefeteig. Die Scheiben sollten nebeneinander gelegt auftauen, damit sie nicht zusammenkleben. Die sehr dünnen Yufka- und Fil(l)o-Blätter, die dem Strudelteig sehr ähnlich sind, erhalten Sie in türkischen oder griechischen Lebensmittelgeschäften. Alle Teige sollten, bevor sie gefüllt werden, am Rand mit Wasser oder verquirltem Eigelb bestrichen werden, damit sie zusammenhalten.

Würziger Käse

Gouda, der bekannteste Schnittkäse, stammt aus der gleichnamigen Stadt in Holland. Es gibt ihn in verschiedenen Alters- und Fettstufen. Junger Gouda schmeckt mild, lässt sich gut reiben und ist ideal zum Überbacken. Der würzigere Pikantje ist ebenfalls gut zum Gratinieren. Alter Gouda, mit seinem pikanten Aroma, passt zu Wein.

Greyerzer oder Gruyère ist der klassische Fondue-Käse und ideal zum Überbacken. Dieser Kuhmilchkäse reift 4–10 Monate, duftet jung dezent nach Alpenblumen und schmeckt reif kräftig und würzig. Nur der Hartkäse aus der Stadt Gruyère im Schweizer Kanton Fribourg darf sich so nennen. Ähnlich schmeckt Comté-Käse.

Roquefort schmeckt jung pikant und alt mild. Er gibt Saucen und Füllungen, z. B. den Pfirsich-Roquefort-Törtchen (S. 50), seine typische Note und eignet sich zum Gratinieren. Der halbfeste Schafrohmilchkäse erhält durch Schimmelpilze, die natürlicherweise in den Höhlen vorkommen, in denen er reift, seine grünblauen Adern.

Cheddar, der Lieblingskäse der Briten, kommt ursprünglich aus dem Südwesten Englands. Der Schnittkäse hat eine rötliche oder hellgelbe Färbung. Er schmeckt jung mild-sahnig, je länger er lagert, desto kräftiger wird er. Cheddar lässt sich gut reiben und eignet sich zum Gratinieren.

Parmesan ist eine italienische Kuhmilchkäse-Spezialität aus der Emilia-Romagna. Dieser aromatisch-würzige, leicht nussige Käse sollte zum Gratinieren geraspelt und nicht fein gerieben werden, da er schnell verbrennt. Am besten mit etwas weicher Butter mischen.

Pecorino ähnelt von seiner Konsistenz her dem Parmesan, wird aber aus Schafmilch gemacht. Der pikante, leicht scharfe Käse wird meist – wie Parmesan – gerieben über viele Gerichte gestreut.
Er ist aber auch pur in Bröckchen als Begleiter zu kräftigem Rotwein ein wahrer Genuss.

Aromatische Kräuter

Petersilie ist die Nummer eins unter den Küchenkräutern. Ihr angenehmer, nicht zu dominanter Geschmack harmoniert mit fast allen Gerichten. Zum Kochen sollte man glatte Petersilie verwenden. Sie ist aromatischer als krause, die allerdings hübscher zum Garnieren aussieht.

Dill, auch Gurkenkraut, erinnert geschmacklich etwas an Kümmel. Er ist das klassische Kraut für Fischgerichte, verfeinert Salatsaucen und gehört natürlich in Kräuterquark. Die Dolden nimmt man zum Aromatisieren von Essiggurken. Dill nicht mitkochen, sondern immer erst nach dem Garen untermischen.

Basilikum ist das unentbehrlichste Kraut in der Mittelmeerküche. Die frisch-würzigen, leicht süßlichen Blätter sind Grundlage für Pesto und Pistou oder Tomaten mit Mozzarella. Basilikum sollte man immer erst am Ende der Garzeit in gekochte Speisen geben, es wird sonst leicht bitter und verliert an Aroma.

Koriander, auch Cilantro, ist das klassische Würzkraut im Vorderen Orient, Asien und Mexiko, wo es wie Petersilie verwendet und wegen seines scharfen, senfähnlichen Geschmacks geschätzt wird. Für uns ist Koriander etwas gewöhnungsbedürftig, daher sollte es anfänglich vorsichtig dosiert werden.

Thymian stammt ursprünglich aus dem Mittelmeerraum. Es hat ein intensives Aroma, das angenehm süßlich und aromatisch ist. Mit Thymian würzt man mediterrane Gerichte. Das robuste Kraut wird von Anfang an mitgekocht. Getrockneter Thymian ist intensiver als frischer, deshalb sollten Sie ihn sparsamer dosieren.

Minze schmeckt und duftet kräftig nach Menthol. Dass man aus den Blättern nicht nur Tee bereiten kann, sondern auch Süßspeisen und pikante Gerichte damit würzt, zeigt die orientalische Küche: Frisch gehackte Minze passt perfekt zu Joghurt, vegetarischen Speisen, Fisch und Fleisch.

Die Beilagen – das schmeckt zu Muffins

Darf es etwas mehr sein: Wer seine Muffins nicht nur pur, sondern als komplette Mahlzeit genießen will oder Freunde zu einem gemütlichen Snack einladen möchte, findet auf diesen Seiten Anregungen und Rezeptideen für köstliche Beilagen. Frische Salate, würzige Suppen oder cremige Dips machen aus den einfachsten Muffins ein herrliches Geschmackserlebnis!

REZEPT-IDEEN

Frische Salate

Gemischter Blattsalat

✗ 120 g Feldsalat, 1 Kopfsalat und 100 g Rucola putzen, waschen und abtropfen lassen. Mit einer Vinaigrette aus 50 g gerösteten, gehackten Haselnüssen, 1 TL Senf, Pfeffer, Salz, 4 EL Essig und 6 EL Olivenöl mischen.

Tomaten-Orangen-Salat

✗ 2 Orangen schälen, Fruchtfilets aus den Trennhäuten herausschneiden. 400 g Tomaten würfeln. 2 Lauchzwiebeln in Ringe schneiden. Alles mit einer Vinaigrette aus 1 gehacktem Bund Petersilie, 3 EL Kräuteressig, Salz, Pfeffer und 6 EL Öl mischen.

Möhren-Sellerie-Salat

✗ 400 g Möhren grob raspeln. 1 Staudensellerie in dünne Scheiben schneiden. 150 g Joghurt, 3 EL Zitronensaft, 1 Bund Schnittlauch in Röllchen, Salz und Pfeffer verrühren und mit dem Gemüse mischen.

Feine Suppen

Schnelle Gemüsesuppe

✗ 500 g Gemüse (z. B. Möhren, Broccoli und Zucchini) klein schneiden. 1 gewürfelte Zwiebel in 2 EL Butter glasig dünsten. Gemüse zugeben. Alles mit 1 l Instant-Gemüsebrühe ablöschen. Ca. 15 Min. köcheln. 1 gehacktes Bund Petersilie unterrühren. Mit Salz, Pfeffer und Muskat abschmecken.

Geflügelcreme

✗ 300 g Hähnchenfilets in 1 l Instant-Hühnerbrühe ca. 20 Min. garen. 1 Bund Lauchzwiebeln kleinschneiden. Filets würfeln. Lauchzwiebeln in 30 g Butter andünsten. 30 g Mehl und 1 TL Curry darüber stäuben. Mit der Brühe ablöschen. 150 g TK-Erbsen zugeben. Ca. 10 Min. köcheln. Filets und 100 g Sahne darin erhitzen. Suppe abschmecken.

Leichte Dips & Saucen

Joghurt-Dip

✗ 150 g Joghurt, 100 g Schmand, 1 TL geriebene Zitronenschale, 2 EL Zitronensaft und 2 EL Olivenöl verrühren und würzen.

Remouladensauce

✗ 1 hart gekochtes Ei und 1 Essiggurke würfeln. 1 Bund Petersilie und 1 EL Kapern hacken. Alles mit 50 g Mayonnaise und 100 g saurer Sahne verrühren und würzen.

Crème fraîche-Dip

✗ 100 g Crème fraîche, 150 g Dickmilch und 2 EL Schnittlauchröllchen verrühren. Mit Salz, Cayennepfeffer und Zucker würzen.

1

Feine Suppen

Sie können leichte Gemüsesuppen oder feine Cremesuppen gut zu Muffins reichen, die aus Knet- oder Hefeteig zubereitet werden. Gerade richtig an kalten Tagen, damit einem wohlig warm wird!

2

Erfrischende Salate

Sie passen gut zu herzhaften und kalten Muffins. Mit einem frischen Salat ergeben sie eine ideale Vorspeise. Am besten eignen sich Blattsalate mit einer Vinaigrette.

3

Leichte Dips & Saucen

Kalte Dips und Saucen mit Joghurt, Dickmilch oder saurer Sahne schmecken sehr erfrischend zu den heißen Muffins. Die Dressings sind besonders schnell und einfach gemacht.

Back-Basics

1 | Die Backformen

Muffinbackformen gibt es in unterschiedlichen Größen und Ausführungen: als Mini-, Standard- und extragroße Texasform. Die unbeschichteten oder antihaftbeschichteten Bleche mit 6 oder 12 Mulden erhalten Sie in Kaufhäusern und Fachgeschäften. **Die Rezepte in diesem Buch gelten immer für ein Standard-Blech oder eine Mini-Muffinform mit 12 Vertiefungen.** Wer kein Blech kaufen will, der kann auch Papier-Backförmchen nehmen. Damit die Muffins dann aber genügend Halt bekommen, sollten Sie immer mindestens zwei Förmchen ineinanderstellen. Der Nachteil dieser Methode: Die Muffins haften nach dem Backen am Papier, das sich nur schwer ablösen lässt.

1 *Wichtigstes Zubehör für Muffins: das Standardblech mit 12 Mulden.*

2 | Geräte & Utensilien

Ob Hefe- oder Knetteig, mit einem Handrührgerät lassen sich Teige am leichtesten rühren. Und mit dem dazugehörigen Schneidstab lassen sich gleich noch Zutaten pürieren. Weiterhin benötigen Sie eine Waage, um Zutaten exakt abzuwiegen. Ein scharfes Messer zum Schneiden und Hacken sollte ebenso vorhanden sein wie ein flexibler Teig- oder Gummischaber. Mit ihm streicht man Cremes glatt und lockert gebackene Muffins am Muldenrand zum Herausnehmen.

Je nach Rezept benötigen Sie beschichtete Alufolie, Papier-Backförmchen, Klarsichtfolie oder einfach Fett oder Öl zum Einstreichen der Mulden, damit sich die Muffins nach dem Backen gut aus der Form lösen lassen. Die beschichtete Folie, auch Gourmet-Folie genannt, ist ideal für geschichtete, cremige oder sehr wasserhaltige Spezialitäten wie die Marokkanischen Möhren- oder die Griechischen Moussaka-Törtchen. Zum Auslegen aus der Folie runde Stücke (ca. 12 cm ø) schneiden, in die Mulden legen und die Folie gut fetten oder ölen. So bleibt nichts haften. Papier-Backförmchen eignen sich für feste Gerichte, z. B. gefüllte Rote Beten oder gefüllte Kartoffeln. Meist reicht es aber schon, die Mulden mit einem Pinsel zu fetten oder zu ölen. Kalte Speisen wie Schafkäse-Mousse oder Avocado-Pralinen lassen sich nach dem Festwerden am besten aus den Mulden heben und lösen, wenn diese vorher mit Klarsichtfolie ausgelegt werden.

2 *Mit beschichteter Alufolie kleben die Muffins nicht an und lassen sich leicht herausheben.*

Pannenhilfe

Die Muffins werden zu dunkel

Sollten Muffins beim Backen zu schnell braun werden, bedeckt man sie im Ofen mit einem Bogen Pergamentpapier oder Alufolie und drosselt die Temperatur ein wenig. Alle Rezepte in diesem Buch sind mehrfach zubereitet worden. Doch die Temperatur von Backöfen kann schwanken.

Die Muffins lösen sich nicht aus der Form

Auch wenn die Mulden der Muffinform mit Folie ausgelegt oder gut gefettet wurden, kleben Muffins manchmal fest. Dann einfach mit einem Teigschaber behutsam zwischen Muffin und Muldenrand entlangfahren und das Gebäck vorsichtig herausheben.

Der Mürbeteig bricht beim Ausrollen

Ist der Teig zu bröselig, fehlt es ihm an Elastizität und er bricht beim Ausrollen. Den Teig dann in eine Schüssel geben und 1–2 Esslöffel Wasser zugeben. Alles mit den Händen rasch verkneten und den Teig in Klarsichtfolie gewickelt nochmals zum Ruhen in den Kühlschrank legen.

Der Käse lässt sich nicht reiben

Was machen, wenn der Käse sich nicht richtig reiben lässt und an der Haushaltsreibe schmiert? Legen Sie den Käse einfach für etwa 30 Minuten ins Gefrierfach. Er wird dann fester und kann nun in feine Raspel gehobelt werden.

Die Nudeln kleben aneinander

Nudeln, z. B. Lasagnescheiben, kleben nach dem Abkühlen oft aneinander fest. Falls das passiert, lassen Sie die Nudeln nochmals in kochendem Wasser mit etwas Öl kurz nachgaren. Dann abgießen, mit kaltem Wasser abschrecken und einzeln gut abtropfen lassen.

Die Gelatine klumpt

Bildet die Gelatine in der Creme Klümpchen oder zieht Fäden, können Sie sich mit folgendem Trick helfen: Die Creme durch ein feines Sieb streichen und die im Sieb verbliebene Gelatine aus dem Sieb wieder bei schwacher Hitze schmelzen. Dann mit 2–3 Esslöffel Creme verrühren und diese Mischung in die übrige Creme rühren.

Internationale Spezialitäten

Vielleicht haben Sie im Urlaub Kartoffel-Tortilla, Enchilada, Quiche Lorraine, Moussaka oder auch einige der anderen Klassiker kennen und lieben gelernt. Hier zeigen sich diese Spezialitäten in ganz neuem Gewand: knusprig gebacken in der Muffinform und dadurch schon praktisch portioniert. Begeben Sie sich auf eine kulinarische Reise rund um die Welt und genießen Sie dabei Ihre schönsten Urlaubserinnerungen!

Blitzrezepte

Spaghetti-Nester

FÜR 12 STÜCK

➤ 250 g Spaghetti | Salz | 1 Tomate
1 Knoblauchzehe | 3 Eier | 150 g
Sahne | Pfeffer | Muskatnuss
150 g Mozzarella | 1 Glas (90 g) Pesto

1 | Die Spaghetti in Salzwasser 8 Min. kochen. Anschließend abtropfen lassen.

2 | Tomate entkernen und würfeln. Knoblauch hacken. Mit Eiern und Sahne verquirlen. Würzen. Mozzarella würfeln.

3 | Muffinmulden mit beschichteter Alufolie auslegen und ölen. Spaghetti zu Nestern drehen, hineingeben. Mit Tomaten und Mozzarella bestreuen. Sahne darüber gießen. Im Backofen bei 200° etwa 25 Min. backen. Pesto dazu servieren.

Enchilada-Tüten

FÜR 12 STÜCK

➤ 400 g Hähnchenfilets | 2 Chilischoten
1 Zwiebel | 3 EL Öl | Salz | 6 Tortillas
(Fertigprodukt) | 100 g geriebener Pecorino | 2 Avocados | 3 EL Limettensaft
1 EL geh. Koriander | 250 g saure Sahne

1 | Filet in Streifen schneiden. Chili hacken. Zwiebel schälen und fein hacken. Alles in 2 EL Öl anbraten. Mit Salz würzen.

2 | Mulden mit 1 EL Öl einstreichen. Tortillas halbieren, mit Filet füllen, zu Tüten formen und in die Mulden setzen. Mit Käse bestreuen. Bei 200° 15 Min. backen.

3 | Avocadofleisch und Limettensaft pürieren. Mit Salz und Koriander würzen. Mit saurer Sahne zu den Enchiladas reichen.

preiswert | vegetarisch

Spanische Kartoffel-Tortillas

FÜR 12 STÜCK

- 750 g Kartoffeln
  1 Gemüsezwiebel (200 g)
  7 EL Olivenöl
  Salz | schwarzer Pfeffer
  6 Eier (Gew.-Kl. M)
  3 EL Sherry-Essig
  400 g Tomaten
  1 rote Paprikaschote
  1/2 Römersalat
  beschichtete Alufolie

Zubereitung: 1 Std. 15 Min.
- Pro Stück ca.: 140 kcal

1 | Die Kartoffeln schälen, waschen und in dünne Scheiben schneiden. Zwiebel schälen und fein würfeln. Den Backofen auf 200° vorheizen.

2 | Die Muffinmulden mit beschichteter Alufolie auslegen. Kartoffeln, Zwiebelwürfel, bis auf 1 EL, und 3 EL Öl mischen. Mit Salz und Pfeffer würzen. In die Mulden füllen. Im Backofen (Mitte, Umluft 180°) 15 Min. backen.

3 | Inzwischen Eier verquirlen und würzen. Essig, Salz und Pfeffer verrühren. 4 EL Öl unterrühren. Tomaten und Paprika putzen und würfeln. Salat putzen und in Streifen schneiden. Salatzutaten, Marinade und übrige Zwiebel mischen.

4 | Die verquirlten Eier auf den Kartoffeln verteilen und weitere 20 Min. bei 200° backen. Tortillas vorsichtig aus den Mulden lösen und mit dem Salat servieren.

- Getränk: Rotwein aus Rioja

für Gäste | herzhaft

Türkische Hacktaschen

FÜR 12 STÜCK

- 1 Zwiebel
  2 Knoblauchzehen
  2 Tomaten
  7 EL Olivenöl
  300 g Lammhackfleisch
  Salz | schwarzer Pfeffer
  3/4 TL gem. Kreuzkümmel
  6 Yufka-Teigblätter
  1 Töpfchen Minze
  300 g Vollmilchjoghurt

Zubereitung: 50 Min.
- Pro Stück ca.: 110 kcal

1 | Zwiebel und Knoblauch schälen und hacken. Tomaten entkernen und fein würfeln. 1 EL Olivenöl in einer Pfanne erhitzen. Zwiebel und Hälfte Knoblauch darin glasig dünsten. Hack zugeben und krümelig braten. Mit Salz, Pfeffer und Kreuzkümmel würzen. Tomatenwürfel unterheben.

2 | Backofen auf 225° vorheizen. Yufka-Blätter längs halbieren, mit ca. 3 EL Olivenöl einstreichen. Füllung darauf verteilen, Seiten einschlagen und zu Päckchen formen.

3 | Muffinmulden mit 2 EL Olivenöl einstreichen. Die Päckchen hineingeben, mit 1 EL Öl bestreichen und im Backofen (Mitte, Umluft 200°) 10 Min. backen.

4 | Minze waschen und hacken. Mit übrigem Knoblauch und Joghurt verrühren. Mit Salz und Pfeffer würzen. Zu den Päckchen reichen.

- Getränk: Raki (Anisschnaps) mit Wasser

im Bild vorne: **Spanische Kartoffel-Tortillas** *im Bild hinten:* **Türkische Hacktaschen** ➤

herzhaft | preiswert

Österreichische Käseknödel

FÜR 12 STÜCK

- **5 Brötchen vom Vortag**
- **200 ml Milch**
- **1 Zwiebel**
- **80 g geräucherter durchwachsener Speck**
- **20 g Butter**
- **1 Bund glatte Petersilie**
- **2 Eier (Gew.-Kl. M)**
- **Salz | weißer Pfeffer**
- **80 g Bergkäse**
- **12 Papier-Backförmchen**

Zubereitung: 1 Std.
Pro Stück ca.: 160 kcal

1 | Die Brötchen in ca. 1 cm große Würfel schneiden. Milch erwärmen und über die Würfel gießen.

2 | Zwiebel schälen. Zwiebel und Speck fein würfeln. Butter erhitzen, Zwiebel und Speck darin glasig dünsten. Masse etwas abkühlen lassen. Petersilie waschen, trockenschütteln und hacken.

3 | Backofen auf 200° vorheizen. Zwiebelmischung, Petersilie und Eier mit den Brötchen verkneten. Mit Salz und Pfeffer würzen. Aus dem Teig zwölf Knödel formen. In die mit Backförmchen ausgelegten Muffinmulden legen.

4 | Käse reiben und auf die Knödel streuen. Knödel im Backofen (Mitte, Umluft 180°) ca. 25 Min. backen.

- Beilage: grüner Salat
- Getränk: Weißwein aus Österreich, z. B. Grüner Veltliner

Klassiker auf neue Art

Quiche Lorraine

FÜR 12 STÜCK

- **250 g Mehl**
- **125 g kalte Butter**
- **Salz**
- **4 Eier (Gew.-Kl. M)**
- **200 g Schinkenspeck (in dünnen Scheiben)**
- **250 g Emmentaler**
- **150 g Sahne**
- **weißer Pfeffer**
- **geriebene Muskatnuss**
- **Fett für die Form**

Zubereitung: 1 Std.
Kühlzeit: 1 Std.
Pro Stück ca.: 390 kcal

1 | Mehl, Butter in kleinen Würfeln, 1/2 TL Salz und 1 Ei rasch zu einem glatten Teig verkneten. Teig zugedeckt etwa 1 Std. kühl stellen.

2 | Schinkenspeck in Streifen schneiden und mit kochendem Wasser überbrühen. Ca. 3 Min. ziehen lassen. Abtropfen lassen und trockentupfen. Käse in hauchdünne Scheiben schneiden oder grob raspeln. 3 Eier und Sahne verquirlen. Mit Salz, Pfeffer und Muskat würzen.

3 | Backofen auf 200° vorheizen. Teig zu zwölf Kugeln formen und jeweils zwischen Klarsichtfolie rund (etwa 12 cm ø) ausrollen. Teigplatten in die gefetteten Mulden des Muffinblechs legen, andrücken und mehrmals mit einer Gabel einstechen.

4 | Speckstücke und Käsescheiben auf den Teig schichten. Sahne darauf gießen. Im Backofen (unten, Umluft 180°) ca. 35 Min. backen.

- Getränk: Weißwein aus dem Elsass, z. B. Riesling

im Bild vorne: **Österreichische Käseknödel** *im Bild hinten:* **Quiche Lorraine**

Klassiker auf neue Art

Griechische Moussaka-Törtchen

FÜR 12 STÜCK

- **1 Aubergine (ca. 100 g)**
  Salz | 1 Topf Oregano
  1 Zwiebel
  1 Knoblauchzehe
  4 EL Olivenöl
  300 g Lammhackfleisch
  1 Dose Tomaten (400 g)
  schwarzer Pfeffer
  1/4 TL gemahlener Zimt
  1 kleiner Zucchino (100 g)
  200 g Kartoffeln
  15 g Mehl | 15 g Butter
  200 ml Milch | 1 Ei
  3 EL geriebener Parmesan
  geriebene Muskatnuss
  beschichtete Alufolie

Zubereitung: 1 Std. 15 Min.
- Pro Stück ca.: 115 kcal

1 | Die Aubergine putzen, waschen, in Scheiben schneiden und mit Salz bestreuen. Oregano, bis auf einige Blättchen, hacken. Zwiebel und Knoblauch schälen, würfeln und in 1 EL Öl glasig dünsten. Hackfleisch darin krümelig braten. Tomaten zugeben. Offen 10 Min. kochen. Mit Salz, Pfeffer, Oregano und Zimt würzen.

2 | Zucchino putzen, Kartoffeln schälen, beides in Scheiben schneiden. Aubergine trockentupfen. Alles in 3 EL Öl portionsweise anbraten.

3 | Mehl in Butter anschwitzen. Mit Milch ablöschen und kurz köcheln. Ei und 1 EL Käse unterrühren. Mit Salz, Pfeffer und Muskat würzen.

4 | Backofen auf 200° vorheizen. Kartoffeln, 1/3 Sauce, Hackfleisch, Gemüse und übrige Sauce in die mit gefetteter beschichteter Alufolie ausgelegten Mulden schichten. Mit 2 EL Käse bestreuen. Im vorgeheizten Backofen (Mitte, Umluft 180°) ca. 30 Min. backen. Mit Oregano bestreuen.

preiswert | gelingt leicht

Englische Shepard's Pies

FÜR 12 STÜCK

- **600 g Kartoffeln | Salz**
  2 Zwiebeln
  400 g Hackfleisch
  2 EL Öl
  1 TL Tomatenmark
  schwarzer Pfeffer
  100 g Cheddar
  100 ml Milch
  geriebene Muskatnuss
  beschichtete Alufolie

Zubereitung: 1 Std.
- Pro Stück ca.: 180 kcal

1 | Die Kartoffeln schälen, waschen und in Salzwasser ca. 20 Min. garen.

2 | Zwiebeln schälen und fein würfeln. Hack und Zwiebeln im heißen Öl anbraten. Tomatenmark zugeben. Alles mit Salz und Pfeffer würzen. Käse reiben. Milch erhitzen.

3 | Backofen auf 200° vorheizen. Die Kartoffeln abgießen und zerstampfen. Die Milch unterrühren. Mit Salz, Pfeffer und Muskat abschmecken.

4 | Das Hackfleisch in die mit gefetteter beschichteter Alufolie ausgelegten Mulden der Form füllen. Püree darauf verteilen. Mit Käse bestreuen. Im Backofen (Mitte, Umluft 180°) ca. 20 Min. backen.

im Bild vorne: **Griechische Moussaka-Törtchen** *im Bild hinten:* **Englische Shepard's Pies** ➤

fettarm | vegetarisch

Marokkanische Möhren-Törtchen

FÜR 12 STÜCK

- **1 kg Möhren | 1 Zwiebel**
- **30 g Butterschmalz**
- **abgeriebene Schale und Saft von 1 unbehandelten Zitrone**
- **Salz | weißer Pfeffer**
- **1 TL gemahlener Koriandersamen**
- **1 Topf Koriander**
- **1 EL Speisestärke**
- **2 Eier (Gew.-Kl. M)**
- **500 g Tomaten**
- **beschichtete Alufolie**

Zubereitung: 45 Min.

Pro Stück ca.: 60 kcal

1 | Möhren schälen, waschen, 100 g fein würfeln. Restliche Möhren in Scheiben schneiden. Zwiebel schälen, würfeln, im Schmalz glasig dünsten. Möhrenscheiben zugeben, kurz anschwitzen. Zitronenschale und -saft zugeben. Mit 1/8 l Wasser ablöschen. Mit Salz, Pfeffer und Koriander würzen. Zugedeckt 12 Min. dünsten.

2 | Den Koriander waschen, trockenschütteln und die Blättchen fein hacken.

3 | Backofen auf 200° vorheizen. Möhrenscheiben im Sud pürieren. 3/4 des Korianders unterrühren. Stärke, Eier und 3 EL kaltes Wasser verquirlen. In das Püree rühren und abschmecken. Möhrenwürfel unterheben. Püree in die mit gefetteter beschichteter Alufolie ausgelegten Mulden füllen. Im Backofen (Mitte, Umluft 180°) ca. 25 Min. backen.

4 | Tomaten überbrühen, häuten, entkernen, würfeln. Mit Salz und Pfeffer würzen. Übrigen Koriander untermischen und zu den Törtchen servieren.

für Gäste | preiswert

Amerikanische Pumpkin Pies

FÜR 12 STÜCK

- **250 g Mehl**
- **140 g kalte Butter**
- **3 Eier (Gew.-Kl. M)**
- **Salz | Pfeffer**
- **1 Zwiebel**
- **400 g Kürbisfleisch**
- **1/2 TL gemahlener Zimt**
- **geriebene Muskatnuss**
- **100 g geräucherter Putenbrust-Aufschnitt**
- **3 EL Sahne**

Zubereitung: 1 Std.

Kühlzeit: 1 Std.

Pro Stück ca.: 210 kcal

1 | Mehl, 120 g Butter in kleinen Stückchen, 1 Ei und Salz glatt verkneten. Zugedeckt ca. 1 Std. kühl stellen.

2 | Zwiebel schälen und würfeln. Kürbis raspeln. Zwiebel in 20 g Butter glasig dünsten. Kürbis zugeben und 10 Min. dünsten. Mit Salz, Pfeffer, Zimt und Muskat würzen.

3 | Den Aufschnitt in Streifen schneiden. 2 Eier und Sahne verquirlen. Mit dem etwas abgekühlten Kürbis verrühren. Ofen auf 200° vorheizen.

4 | Teig zu zwölf Kugeln formen, jeweils rund (ca. 10 cm ø) ausrollen und in die gefetteten Mulden drücken. Kürbis, Putenbrust-Streifen und Eier hineingeben. Im Backofen (unten, Umluft 180°) ca. 35 Min. backen.

im Bild vorne: **Marokkanische Möhren-Törtchen** *im Bild hinten:* **Amerikanische Pumpkin-Pies**

für Gäste | raffiniert

Thailändische Reis-Timbale

FÜR 12 STÜCK

- **150 g Basmati-Reis | Salz**
- **400 g Schweineschnitzel**
- **2 Knoblauchzehen**
- **3 EL Öl**
- **4 Eier (Gew.-Kl. M)**
- **100 g geröstete Erdnüsse**
- **1 rote Chilischote**
- **1 EL rote Curry-Paste (Asiageschäft)**
- **1/4 l ungesüßte Kokosmilch (Asiageschäft)**
- **1 TL brauner Zucker**
- **beschichtete Alufolie**

Zubereitung: 45 Min.
Pro Stück ca.: 180 kcal

1 | Den Reis in Salzwasser ca. 15 Min. kochen. Anschließend gut abtropfen lassen.

2 | Fleisch in feine Streifen schneiden. Knoblauch schälen und fein hacken. Öl erhitzen. Fleisch darin anbraten. Die Hälfte Knoblauch untermischen und salzen.

3 | Eier verquirlen. Mit Salz würzen. Den Backofen auf 200° vorheizen. Reis und Fleisch mischen und in die mit gefetteter beschichteter Alufolie ausgelegten Muffinmulden verteilen. Eier darauf gießen. Reis fest drücken. Im Backofen (Mitte, Umluft 180°) ca. 20 Min. backen.

4 | Erdnüsse fein mahlen. Chili entkernen, waschen und hacken. Beides mit Curry-Paste, Kokosmilch und Zucker pürieren und in einem Topf ca. 5 Min. unter Rühren köcheln. Die Erdnuss-Sauce zu den Reis-Timbale reichen.

fettarm | schnell

Chinesische Nudel-Muffins

FÜR 12 STÜCK

- **200 g TK-Shrimps**
- **100 g China-Reisnudeln oder Glasnudeln**
- **100 g TK-Erbsen**
- **150 g Möhren**
- **150 g Lauch**
- **2 EL Öl**
- **3 EL Sojasauce**
- **6 Eier (Gew.-Kl. M)**
- **1 Flasche süß-saure Sauce (250 ml)**
- **beschichtete Alufolie**

Zubereitung: 1 Std.
Pro Stück ca.: 155 kcal

1 | Shrimps auftauen lassen. Nudeln mit einer Haushaltsschere kleiner schneiden, mit kochendem Wasser überbrühen und darin 5 Min. ziehen lassen, dann abseihen.

2 | Inzwischen Erbsen auftauen lassen. Möhren und Lauch putzen, waschen und fein würfeln. Öl in einem Topf erhitzen. Gemüse darin kurz andünsten und mit der Sojasauce ablöschen. Zugedeckt 3 Min. dünsten. Shrimps kalt abspülen und trockentupfen.

3 | Den Backofen auf 200° vorheizen. Eier verquirlen und mit Salz würzen. Mit Glasnudeln, Shrimps und Gemüse mischen und die Masse in die mit geölter beschichteter Alufolie ausgelegten Muffinmulden drücken. Im Backofen (Mitte, Umluft 180°) ca. 25 Min. backen. Die süß-saure Sauce dazu servieren.

Getränk: chinesisches Bier

im Bild vorne: **Thailändische Reis-Timbale** *im Bild hinten:* **Chinesische Nudel-Muffins**

Raffinierte Party-Ideen

Es macht Spaß, für viele Leute etwas Besonderes zuzubereiten. Wir haben uns für Sie etwas Spezielles einfallen lassen: Gefüllte Champignons, feine Lachspasteten, Pizza-Muffins & Co. sind ein attraktiver Blickfang auf einem Buffet. Diese originellen Spezialitäten sind so köstlich, dass Ihre Gäste bestimmt gleich mehrmals zugreifen!

Blitzrezepte

Gefüllte Champignons

FÜR 12 STÜCK

➤ 12 große Champignons (à ca. 50 g) 2 Bund glatte Petersilie | 2 ungebrühte grobe Bratwürste | 60 g Gouda | 2 Eier 1 Gewürzgurke | 250 g Mayonnaise Salz | Fett für die Form

1 | Pilze putzen, Stiele herausdrehen und hacken. Petersilienblätter hacken. Hälfte Petersilie, Stiele und Bratwurstbrät verkneten, Pilze damit füllen, in die gefetteten Mulden verteilen. Käse reiben und darüberstreuen. Im vorgeheizten Backofen bei 200° (Mitte, Umluft 180°) 20 Min. backen.

2 | Eier 10 Min. kochen, schälen und würfeln. Gurke würfeln. Beides mit Mayonnaise, übriger Petersilie und 2–3 EL Gurkenwasser verrühren. Salzen und dazu servieren.

Lachspasteten

FÜR 12 STÜCK

➤ 500 g Räucherlachsscheiben | 300 g Paprikaschoten (grün, rot und gelb) 200 g Doppelrahm-Frischkäse | 250 g Magerquark | Salz | Pfeffer | 1 Bund Dill | 6 EL Senf | 3 EL flüssiger Honig 2 EL Essig | 4 EL Öl

1 | Mulden erst mit Klarsichtfolie, dann mit Lachs, bis über den Rand lappend, auslegen. Paprika putzen und fein würfeln. Käse und Quark glatt rühren, salzen und pfeffern. Paprika unterrühren. Masse in den Mulden verteilen. Lachs darüber schlagen. Zugedeckt 2 Std. kühl stellen.

2 | Dill fein schneiden. Senf, Honig und Essig verrühren. Öl unterrühren. Dill unterrühren. Zu den Pasteten reichen.

gelingt leicht | preiswert

Falsche Hasen

FÜR 12 STÜCK

- 12 Wachteleier (ersatzweise 3 Eier)
- 2 Brötchen vom Vortag
- 2 Zwiebeln
- 1 Bund glatte Petersilie
- 1 rote Paprikaschote
- 900 g Hackfleisch (gemischt)
- 2 Eier
- 2 EL Senf
- Salz | schwarzer Pfeffer
- 200 g Salatmayonnaise
- 150 g Vollmilchjoghurt

Zubereitung: 1 Std.
Pro Stück ca.: 385 kcal

1 | Wachteleier in Wasser ca. 5 Min. (Hühnereier 10 Min.) kochen. Anschließend abschrecken und schälen.

2 | Brötchen in kaltem Wasser einweichen. Zwiebeln schälen und fein würfeln. Petersilie waschen, trockenschütteln und die Blättchen hacken. Paprikaschote halbieren, putzen und fein würfeln.

3 | Backofen auf 200° vorheizen. Hackfleisch, ausgedrückte Brötchen, Zwiebeln, die Hälfte Petersilie, Paprika (bis auf 1 EL), Eier, 1 EL Senf, Salz und Pfeffer verkneten. Mit angefeuchteten Händen daraus zwölf Kugeln formen, dabei die Wachteleier oder geviertelten Hühnereier in die Mitte geben. In die gefetteten Muffinmulden geben. Mit Paprikawürfeln bestreuen. Im Backofen (Mitte, Umluft 180°) ca. 30 Min. backen.

4 | Mayonnaise, Joghurt und 1 EL Senf glatt rühren. Übrige Petersilie unterrühren. Mit Salz und Pfeffer kräftig würzen. Die Sauce zu den Falschen Hasen reichen.

preiswert | vegetarisch

Gebackene Käse-Kartoffeln

FÜR 12 STÜCK

- 12 Kartoffeln (à ca. 100 g)
- 100 g Greyerzer
- 6 EL Öl
- Salz | weißer Pfeffer
- 1 TL Kümmel
- 1 Zwiebel
- 250 g Kirschtomaten
- 125 g Rucola
- 3 EL Rotweinessig

Zubereitung: 1 Std.
Pro Stück ca.: 155 kcal

1 | Die Kartoffeln schälen und waschen. Jeweils auf einen Löffel legen und dicht an dicht einige Male tief einschneiden, so dass sie noch zusammenhalten. Käse reiben.

2 | Backofen auf 200° vorheizen. Die Kartoffeln mit 3 EL Öl einstreichen und in die Muffinmulden legen. Mit Salz, Pfeffer und Kümmel würzen. Etwas Käse in die Einschnitte verteilen. Mit übrigem Käse bestreuen. Im Backofen (Mitte, Umluft 180°) ca. 40 Min. backen.

3 | Inzwischen Zwiebel fein würfeln. Tomaten putzen und halbieren. Rucola waschen, trockenschütteln und in breite Stücke zupfen. Essig, Salz und Pfeffer verrühren. 3 EL Öl unterrühren.

4 | Vorbereitete Salatzutaten und Vinaigrette vor dem Servieren mischen. Zu den Kartoffeln reichen.

Getränk: Pils oder würziger Weißwein

im Bild vorne: **Falsche Hasen** *im Bild hinten:* **Gebackene Käse-Kartoffeln**

gelingt leicht

Pizza-Muffins

FÜR 12 STÜCK

- **2 Scheiben TK-Hefeteig (à 150 g)**
- **2 Lauchzwiebeln**
- **50 g gekochter Schinken**
- **125 g Mozzarella**
- **100 g Tomatenstückchen (aus der Packung)**
- **1/2 TL getrockneter Oregano**
- **Salz | schwarzer Pfeffer**
- **4 EL Olivenöl**
- **Oregano zum Garnieren**
- **Fett für die Form**

Zubereitung: 45 Min.
Pro Stück ca.: 125 kcal

1 | Hefeteig auftauen lassen. Die Lauchzwiebeln putzen, waschen und in Ringe schneiden. Schinken in Streifen und Mozzarella in Scheiben schneiden.

2 | Tomatenstückchen und Oregano verrühren. Mit Salz und Pfeffer kräftig würzen. Backofen auf 225° vorheizen.

3 | Hefeteigscheiben auf bemehlter Arbeitsfläche rechteckig (ca. 20 x 30 cm) ausrollen und je sechs Kreise (ca. 10 cm ø) ausstechen. Teigplatte in die gefetteten Mulden legen. Im Backofen (Mitte, Umluft 200°) ca. 10 Min. vorbacken.

4 | Tomatenstückchen auf dem Teig verteilen. Lauchzwiebelringe und Schinkenstreifen darauf geben. Mit dem Olivenöl beträufeln. Mit Mozzarella belegen. Bei gleicher Temperatur weitere ca. 10 Min. backen. Mit Oregano garniert servieren.

Getränk: Rotwein, z. B. Chianti

raffiniert | preiswert

Polenta mit Geflügelleber

FÜR 12 STÜCK

- **150 g Polenta (grober Maisgrieß)**
- **Salz**
- **400 g Geflügelleber**
- **3 Zwiebeln (ca. 150 g)**
- **1 Topf Majoran**
- **2 EL Olivenöl**
- **schwarzer Pfeffer**
- **beschichtete Alufolie**

Zubereitung: 1 Std.
Pro Stück ca.: 105 kcal

1 | Polenta und 1 TL Salz in 3/4 l kochendes Wasser rieseln lassen. Unter ständigem Rühren ca. 20 Min. kochen. In die mit gefetteter beschichteter Alufolie ausgelegten Mulden verteilen, mit dem geölten Löffelrücken jeweils eine Mulde hineindrücken.

2 | Leber putzen, waschen, trockentupfen und etwas kleiner schneiden. Zwiebeln schälen und fein würfeln. Majoran waschen, trockenschütteln und, bis auf einige Blättchen, fein hacken.

3 | Backofen auf 200° vorheizen. Olivenöl in einer Pfanne erhitzen. Leber und Zwiebeln darin rundherum anbraten. Mit gehacktem Majoran, Salz und Pfeffer kräftig würzen.

4 | Leber in die Polentamulden verteilen. Im Backofen (unten, Umluft 180°) ca. 15 Min. backen. Mit übrigem Majoran garniert servieren.

Getränk: Rotwein, z. B. Chianti

im Bild vorne: **Pizza-Muffins** *im Bild hinten:* **Polenta mit Geflügelleber**

fettarm | kalorienarm

Putenrouladen

FÜR 12 STÜCK

- **1 Zucchino (ca. 150 g)**
- **1 große Möhre (ca. 150 g)**
- **Salz**
- **6 dünne Putenschnitzel (à 110 g)**
- **60 g Pesto (aus dem Glas)**
- **weißer Pfeffer**
- **4 EL Olivenöl**
- **500 g Tomaten**
- **1 kleine Gemüsezwiebel**
- **2 Knoblauchzehen**
- **1 Bund Basilikum**

Zubereitung: 45 Min.
Pro Stück ca.: 130 kcal

1 | Zucchino und Möhre putzen. Mit einem Sparschäler längs in Streifen schneiden. Mit Salz bestreuen. Schnitzel zwischen Klarsichtfolie flachklopfen, auf Folie leicht überlappend rechteckig zusammenlegen (ca. 20 x 40 cm) und mit Pesto bestreichen. Mit Salz und Pfeffer würzen. Gemüsestreifen trockentupfen und darauf verteilen, dabei oben an der Längsseite einen Rand frei lassen. Fleisch mit Hilfe der Folie aufrollen, in zwölf Scheiben schneiden.

2 | Backofen auf 225° vorheizen. Muffinmulden mit 1 EL Öl ausstreichen. Rouladenscheiben flach hineinlegen. Mit 1 EL Öl bestreichen. Im Backofen (Mitte, Umluft 200°) ca. 20 Min. backen.

3 | Tomaten putzen und in kleine Stücke schneiden. Zwiebel und Knoblauch schälen, fein würfeln und in 2 EL Öl glasig dünsten. Tomaten zugeben und alles ca. 15 Min. köcheln lassen. Basilikum waschen, die Blättchen abzupfen, hacken und unterrühren. Mit Salz und Pfeffer würzen. Sauce zu den Rouladen reichen.

raffiniert | preiswert

Tunfisch-Windbeutel

FÜR 12 STÜCK

- **1 Döschen gemahlener Safran**
- **60 g Butter**
- **Salz**
- **150 g Mehl**
- **3 Eier (Gew.-Kl. M)**
- **1 Dose Tunfisch im eigenen Saft (150 g)**
- **1 Bund Schnittlauch**
- **300 g Doppelrahm-Frischkäse**
- **Cayennepfeffer**

Zubereitung: 50 Min.
Pro Stück ca.: 185 kcal

1 | Safran, Butter, 1/4 TL Salz und 200 ml Wasser aufkochen. Mehl zugeben. So lange rühren, bis sich der Teig als Kloß vom Topfboden löst.

2 | Backofen auf 200° vorheizen. Teig in eine Schüssel geben. Eier einzeln unterrühren. Teig in einen Spritzbeutel mit großer Sterntülle geben. Zwölf Teigrosetten in die gefetteten Muffinmulden spritzen. Im Backofen (Mitte, Umluft 180°) ca. 30 Min. backen.

3 | Tunfisch abtropfen lassen. Schnittlauch in Röllchen schneiden. Frischkäse und Tunfisch pürieren. Mit Salz und Cayennepfeffer würzen. Schnittlauch unterrühren.

4 | Windbeutel noch heiß mit einer Schere quer durchschneiden. Auskühlen lassen. Tunfischcreme auf die unteren Hälften verteilen. Obere Hälften darauf setzen.

im Bild rechts: **Putenrouladen** *im Bild links:* **Tunfisch-Windbeutel**

orientalisch | raffiniert

Strudel-Hack-Törtchen

FÜR 12 STÜCK

- **150 g Mehl**
  Salz
  7 EL Öl
  1 kleine Zwiebel
  2 Knoblauchzehen
  350 g Rinderhackfleisch
  50 g Rosinen
  50 g gehackte Mandeln
  schwarzer Pfeffer
  je 1/2 TL gemahlener Kreuzkümmel und Zimt

Zubereitung: 1 Std.
- Pro Stück ca.: 195 kcal

1 | Mehl, 1 Prise Salz, 3 EL Öl und 50 ml heißes Wasser verkneten. Mit einer heiß ausgespülten Schüssel bedecken und ca. 30 Min. ruhen lassen.

2 | Zwiebel und Knoblauch schälen, würfeln. Beides mit dem Fleisch in 2 EL Öl anbraten. Rosinen und Mandeln zugeben. Mit Salz, Pfeffer, Kümmel und Zimt würzen.

3 | Backofen auf 225° vorheizen. Teig durchkneten, auf einem bemehlten Tuch dünn ausrollen. In zwölf Quadrate (ca. 10 x 10 cm) schneiden. Teigränder mit Wasser bestreichen. Die Hackfüllung jeweils in die Mitte der Teigquadrate verteilen. Teigecken zur Mitte hin zusammendrücken. Die seitlichen Teigränder gut festdrücken.

4 | Muffinmulden mit 1 EL Öl einstreichen. Päckchen hineinsetzen und mit 1 EL Öl bestreichen. Im Backofen (Mitte, Umluft 200°) ca. 20 Min. goldbraun backen.

- Beilage: Joghurt
- Getränk: Fruchtsaft

pikant | asiatisch

Hähnchen-Curry-Muffins

FÜR 12 STÜCK

- **150 g Klebreis**
  Salz | 3 TL Curry
  1 Bund Lauchzwiebeln
  3 EL Öl
  6 Hähnchenfilets (à 150 g)
  weißer Pfeffer
  1 reife Mango (ca. 300 g)
  100 g Crème fraîche
  100 g Sahnejoghurt

Zubereitung: 45 Min.
- Pro Stück ca.: 205 kcal

1 | Reis in Salzwasser mit 2 TL Curry ca. 20 Min. kochen. Anschließend abtropfen lassen. Lauchzwiebeln putzen, waschen, in Ringe schneiden. In 1 EL Öl 3 Min. dünsten.

2 | Filets waagerecht halbieren und jeweils zu einer dünnen Scheibe aufschneiden. Den Backofen auf 225° vorheizen.

3 | Muffinblech mit 1 EL Öl ausstreichen. Filets so hineinlegen, dass Boden und Rand der Mulden bedeckt sind, dabei etwas überlappen lassen. Mit Salz und Pfeffer würzen. Reis, Lauchzwiebeln und 1 TL Curry mischen, in die Mulden füllen. Überstehendes Fleisch darüber legen. Mit 1 EL Öl bestreichen. Im Backofen (Mitte, Umluft 200°) ca. 30 Min. backen.

4 | Mango schälen, Fruchtfleisch vom Kern lösen und pürieren. Mit Crème fraîche und Joghurt verrühren. Mit Salz und Pfeffer würzen. Mango-Dip zu den Hähnchen-Muffins reichen.

im Bild vorne: **Strudel-Hack-Törtchen** *im Bild hinten:* **Hähnchen-Curry-Muffins**

mediterran | preiswert

Tomaten-Schafkäse-Mousse

FÜR 12 STÜCK

- 1 Zwiebel
- 1 Knoblauchzehe
- 750 g Tomaten
- 8 EL Olivenöl
- 1 Bund Basilikum
- 10 Blatt Gelatine
- Salz | weißer Pfeffer
- Zucker
- 200 g Schafkäse
- 250 g Sahnequark
- 2 EL Zitronensaft
- 200 g Sahne
- 3 EL weißer Aceto balsamico

Zubereitung: 45 Min.
Kühlzeit: 3 Std.
Pro Stück ca.: 190 kcal

1 | Zwiebel und Knoblauch würfeln. Tomaten in Stücke schneiden. Knoblauch und Zwiebel in 3 EL Öl glasig dünsten. Tomaten zugeben. 20 Min. schmoren.

2 | Basilikum, bis auf einige Blättchen, hacken. 6 Blatt Gelatine einweichen. Tomaten pürieren, durch ein Sieb passieren, Basilikum unterrühren. Mit Salz, Pfeffer und Zucker würzen. Gelatine ausdrücken, darin auflösen.

3 | 4 Blatt Gelatine einweichen. Käse, Quark und Zitronensaft pürieren. Salzen und pfeffern. Gelatine ausdrücken, auflösen, mit 2 EL Creme vermischen. In die übrige Creme rühren.

4 | Muffinmulden mit Klarsichtfolie auslegen. Sahne steif schlagen, je zur Hälfte unter die Käse- und Tomatencreme heben. Nacheinander in die Mulden füllen. Form aufstoßen. Ca. 3 Std. kühl stellen.

5 | Essig, Salz, Pfeffer, Zucker und 5 EL Öl verrühren. Zu der gestürzten, mit Basilikum garnierten Mousse reichen.

raffiniert | fürs Büfett

Lasagne

FÜR 12 STÜCK

- 6 Lasagneblätter | Salz
- 5 EL Olivenöl
- 1 Zwiebel
- 1 Aubergine (ca. 200 g)
- 300 g Möhren | Pfeffer
- 1 Bund glatte Petersilie
- 40 g Parmesan
- 4 Eier (Gew.-Kl. M)
- 200 g Sahne
- 50 g Salami (in Scheiben)
- beschichtete Alufolie

Zubereitung: 1 Std. 15 Min.
Pro Stück ca.: 170 kcal

1 | Lasagneblätter in Salzwasser und 1 EL Öl ca. 5 Min. kochen. Abtropfen lassen und 36 Kreise (12 x 5 cm ø und 24 x 6 cm ø) ausstechen.

2 | Zwiebel schälen. Gemüse putzen. Alles fein würfeln und in 4 EL Öl ca. 8 Min. dünsten. Salzen und pfeffern.

3 | Petersilie hacken. Käse reiben. Hälfte Käse, Eier, Sahne und Petersilie verquirlen. Mit Salz und Pfeffer würzen. Backofen auf 200° vorheizen.

4 | Vorbereitete Zutaten und Salami in die mit geölter beschichteter Alufolie ausgelegten Mulden schichten, dabei mit Eisahne und kleinen Lasagneplatten beginnen. Übrigen Käse darauf streuen. Im Backofen (Mitte, Umluft 180°) ca. 25 Min. backen.

im Bild vorne: Tomaten-Schafkäse-Mousse *im Bild hinten:* Lasagne

Edle Köstlichkeiten

Jeder schwelgt gern mal in etwas Luxus. Den können Sie sich, jedenfalls kulinarisch, mit diesen extravaganten Muffins gönnen. Sie werden mit so edlen Zutaten wie Artischocken, Parmaschinken, Garnelen oder Spargel zubereitet. Und mit einem Glas gutem Wein oder Sekt dazu ist der Genuss perfekt!

Blitzrezepte

Überbackene Artischockenböden

FÜR 12 STÜCK

➤ **12 Artischockenböden (Dose) | 1 Bund Schnittlauch | 125 g Ricotta | 1 Ei Salz | Pfeffer | 30 g Pecorino | Fett für die Form**

1 | Artischocken abtropfen lassen. Schnittlauch in Röllchen schneiden. Ricotta und Ei verrühren. Schnittlauch unterrühren. Salzen und pfeffern. Pecorino reiben.

2 | Den Backofen auf 225° vorheizen. Die Artischockenböden in die gefetteten Muffinmulden legen. Ricottafüllung auf den Artischockenböden verteilen. Mit dem geriebenen Käse bestreuen. Im vorgeheizten Backofen (oben, Umluft 200°) ca. 20 Min. überbacken.

Schinkenpäckchen

FÜR 12 STÜCK

➤ **50 g Pinienkerne | 1 Bund Basilikum 300 g Ziegenfrischkäse | 150 g Sahne Pfeffer | 24 Scheiben Parmaschinken (300 g) | 12 Schnittlauchhalme | Fett für die Form**

1 | Pinienkerne rösten und hacken. Basilikum in Streifen schneiden, mit Käse, Sahne und Kernen verrühren. Pfeffern.

2 | Je 2 Schinkenscheiben über Kreuz in den gefetteten Mulden aufeinander legen. Füllung in der Mitte verteilen. Schinkenenden hochziehen, zusammendrücken. Schnittlauch überbrühen, abtropfen lassen und Päckchen damit zusammenbinden. Im vorgeheizten Backofen bei 225° (Mitte, Umluft 200°) ca. 10 Min. backen.

gelingt leicht | für Gäste

Lachs-Pies

FÜR 12 STÜCK

- 6 Scheiben TK-Blätterteig (450 g)
- 400 g Lachsfilet
- 2 EL Zitronensaft
- Salz | weißer Pfeffer
- 1/2 Bund Dill
- 1 Ei (Gew.-Kl. M)
- 100 g Sahne

Zubereitung: 50 Min.
➤ Pro Stück ca.: 250 kcal

1 | Teig auftauen lassen. Lachs würfeln. Mit Zitronensaft beträufeln, salzen und pfeffern. Dill waschen und fein schneiden. Ei, Sahne und Dill verquirlen, salzen und pfeffern. Backofen auf 200° vorheizen.

2 | Aus jeder Blätterteigscheibe zwei runde Platten (ca. 10 cm ø) ausstechen. In die gefetteten Mulden legen. Teig mehrmals einstechen. Lachs und Eiersahne darin verteilen. Im vorgeheizten Backofen (unten, Umluft 180°) ca. 30 Min. backen.

➤ Getränk: Weißwein

raffiniert | fürs Büfett

Pfifferling-Törtchen

FÜR 12 STÜCK

- 250 g Mehl
- 140 g kalte Butter
- 6 Eier (Gew.-Kl. M)
- Salz
- 350 g Pfifferlinge (ersatzweise aus dem Glas)
- 2 Schalotten
- weißer Pfeffer
- 50 g Coppa (geräucherter italienischer Schweinenacken-Aufschnitt)
- 1 Bund Schnittlauch
- 250 g Schmand

Zubereitung: 1 Std. 15 Min.
➤ Pro Stück ca.: 275 kcal

1 | Mehl, 120 g Butter in kleinen Stückchen, 1 Ei und 1/4 TL Salz zu einem glatten Teig verkneten. Teig zugedeckt ca. 30 Min. kühl stellen.

2 | Inzwischen die Pfifferlinge putzen. Schalotten schälen und fein würfeln. 20 g Butter in einer Pfanne erhitzen, Schalotten darin glasig dünsten. Pfifferlinge zugeben und rundherum anbraten. Mit Salz und Pfeffer würzen.

3 | Coppa in Streifen schneiden. Schnittlauch in Röllchen schneiden. 5 Eier verquirlen. Den Schnittlauch, bis auf etwas zum Garnieren, unterrühren. Mit Salz und Pfeffer würzen.

4 | Backofen auf 225° vorheizen. Teig zu zwölf gleichgroßen Kugeln formen und ausrollen (ca. 10 cm ø). In die gefetteten Muffinmulden drücken. Den Teig mehrmals mit einer Gabel einstechen.

5 | Pfifferlinge und Coppa in den Teigmulden verteilen. Die Eier darüber gießen. Im vorgeheizten Backofen (unten, Umluft 200°) ca. 30 Min. backen. Muffins mit je einem Klecks Schmand anrichten. Mit übrigem Schnittlauch bestreut servieren.

➤ Getränk: Weißwein

TIPP
Frische Pfifferlinge nicht waschen, da sie sich schnell voll Wasser saugen und so Aroma verlieren, sondern am besten mit einem Pinsel oder Küchenpapier vorsichtig reinigen.

im Bild vorne: **Lachs-Pies** *im Bild hinten:* **Pfifferling-Törtchen** ➤

raffiniert | für Gäste

Kartoffel-Garnelen-Körbchen

FÜR 12 STÜCK

- **500 g Kartoffeln**
- **36 Garnelen (ohne Schale; ca. 360 g)**
- **2 EL Limettensaft**
- **Salz | weißer Pfeffer**
- **40 g Pecorino**
- **1 Ei (Gew.-Kl. M)**
- **1 Bund Dill**
- **250 g Dickmilch**
- **beschichtete Alufolie**

Zubereitung: 1 Std.
Pro Stück ca.: 90 kcal

1 | Kartoffeln waschen und in Wasser ca. 25 Min. kochen. Anschließend abgießen, abschrecken und pellen. Die Kartoffeln auskühlen lassen.

2 | Die Garnelen waschen, trockentupfen und mit Limettensaft beträufeln. Mit Salz und Pfeffer würzen. Den Käse fein reiben.

3 | Kartoffeln grob raspeln. Mit Ei und Käse mischen, salzen und pfeffern. Den Backofen auf 225° vorheizen.

4 | Kartoffelmasse in die mit geölter beschichteter Alufolie ausgelegten Muffinmulden drücken, dabei einen kleinen Rand hochziehen. Im vorgeheizten Ofen (Mitte, Umluft 200°) ca. 15 Min. backen.

5 | Garnelen in die Körbchen verteilen. Bei gleicher Temperatur weitere 10 Min. backen. Dill waschen, trockenschütteln und fein schneiden. Mit der Dickmilch verrühren. Mit Salz und Pfeffer würzen. Dickmilchsauce zu den Körbchen reichen.

vegetarisch | fürs Büfett

Feine Spargel-Terrinen

FÜR 12 STÜCK

- **400 g grüner Spargel**
- **2 kleine Schalotten**
- **8 EL Olivenöl**
- **Salz**
- **weißer Pfeffer**
- **1 Päckchen gemahlene Gelatine**
- **2 Töpfe Kerbel**
- **250 g Magerquark**
- **200 g Doppelrahm-Frischkäse**
- **1 EL Limettensaft**

Zubereitung: 50 Min.
Kühlzeit: 3 Std.
Pro Stück ca.: 130 kcal

1 | Spargel waschen, untere Enden abschneiden. Stangen, bis auf die Köpfe, in dünne Scheiben schneiden. Schalotten schälen, würfeln. In 2 EL Öl glasig dünsten. Spargelscheiben und -köpfe und 2 EL Wasser zugeben. Salzen und pfeffern. 10 Min. dünsten.

2 | Gelatine in 6 EL Wasser einweichen. Kerbel waschen und, bis auf etwas zum Garnieren, hacken. Spargelköpfe herausnehmen. Hälfte vom übrigen Spargel im Sud pürieren. Gelatine darin auflösen. Quark, Käse und Hälfte Kerbel unterrühren. Salzen und pfeffern. Übrige Spargelscheiben unterheben.

3 | Masse in die mit Klarsichtfolie ausgelegten Mulden füllen. Ca. 3 Std. kühl stellen.

4 | Limettensaft, Salz, Pfeffer und 6 EL Öl verquirlen. Übrigen Kerbel unterrühren. Terrinen mit halbierten Spargelköpfen und Kerbel garnieren. Marinade dazu servieren.

im Bild vorne: **Kartoffel-Garnelen-Körbchen** *im Bild hinten:* **Feine Spargel-Terrinen**

gut vorzubereiten

Forellenkaviar-Taler

FÜR 12 STÜCK

- 10 g frische Hefe
- 1/2 TL Zucker
- 125 g Mehl
- 1 Prise Salz
- 30 g flüssige Butter
- 150 g Crème fraîche
- schwarzer Pfeffer
- 100 g Forellenkaviar
- Dill zum Garnieren
- 12 Papier-Backförmchen
- getrocknete Hülsenfrüchte

Zubereitung: 40 Min.
Ruhezeit: 40 Min.
Pro Stück ca.: 110 kcal

1 | Hefe zerbröckeln und mit dem Zucker in 50 ml lauwarmem Wasser auflösen. Zugedeckt ca. 10 Min. gehen lassen. Dann mit Mehl, Salz und Butter zu einem glatten Teig verkneten. Den Teig zugedeckt an einem warmen Ort ca. 20 Min. gehen lassen.

2 | Den Hefeteig nochmals durchkneten, zu zwölf Kugeln formen und in die gefetteten Muffinmulden drücken, dabei einen etwa 1 cm hohen Rand formen. Teig weitere ca. 10 Min. gehen lassen. Den Backofen auf 200° vorheizen.

3 | Auf die Hefetaler Papier-Backförmchen setzen und mit getrockneten Hülsenfrüchten füllen. Im vorgeheizten Backofen (unten, Umluft 180°) ca. 10 Min. blindbacken. Dann Förmchen entfernen und weitere 10 Min. backen. Auskühlen lassen, Taler aus der Form nehmen.

4 | Crème fraîche glatt rühren. Jeweils einen Klecks auf die Taler geben. Mit Pfeffer bestreuen. Kaviar darauf verteilen. Mit Dill garnieren.

pikant | für Gäste

Gebackene Paprikaschoten

FÜR 12 STÜCK

- 250 g ausgelöster Lammrücken
- 2 Knoblauchzehen
- 1 Zwiebel
- 1 Bund Thymian
- Salz | schwarzer Pfeffer
- 6 EL Olivenöl
- 60 g Langkornreis
- 6 kleine rote Paprikaschoten (à ca. 100 g)
- 250 g Dickmilch

Zubereitung: 1 Std.
Pro Stück ca.: 95 kcal

1 | Fleisch in dünne Scheiben schneiden. Knoblauch und Zwiebel schälen und würfeln. Thymianblättchen hacken. Fleisch, Knoblauch, Zwiebel und die Hälfte Thymian mischen. Mit Salz und Pfeffer würzen. 3 EL Öl untermischen.

2 | Reis in Salzwasser ca. 18 Min. kochen. Abtropfen lassen. Paprika quer halbieren und putzen, dabei den Stielansatz außen nur abschneiden, aber nicht herauslösen. Backofen auf 200° vorheizen.

3 | Muffinmulden mit 1 EL Öl ausstreichen. Paprika hineinsetzen. Fleisch und Reis mischen und die Paprika damit füllen. Im vorgeheizten Backofen (Mitte, Umluft 180°) ca. 30 Min. backen.

4 | Dickmilch und 2 EL Öl verrühren. Mit Salz und Pfeffer würzen. Dip dazu reichen.

im Bild vorne: Forellenkaviar-Taler *im Bild hinten:* Gebackene Paprikaschoten

raffiniert | ohne Fleisch

Meeresfrüchte-Kartoffeln

FÜR 12 STÜCK

- 275 g TK-Meeresfrüchte
  12 Kartoffeln (à ca. 100 g)
  3 Lauchzwiebeln
  20 g Butter
  Salz | weißer Pfeffer
  100 g junger Gouda
  1 Bund glatte Petersilie
  2 Eigelbe (Gew.-Kl. M)

Zubereitung: 1 Std.
- Pro Stück ca.: 140 kcal

1 | Meeresfrüchte auftauen. Kartoffeln waschen und in Wasser ca. 25 Min. kochen.

2 | Die Lauchzwiebeln putzen, waschen und in dünne Ringe schneiden. Mit trockengetupften Meeresfrüchten in der Butter andünsten. Mit Salz und Pfeffer würzen.

3 | Käse reiben. Petersilie hacken. Kartoffeln abschrecken. Je einen Deckel abschneiden und Kartoffeln aushöhlen, dabei einen ca. 1 cm breiten Rand stehen lassen. Backofen auf 200° vorheizen.

4 | Ca. 200 g der Kartoffelmasse fein zerstampfen. Mit Eigelben, Meeresfrüchten, Hälfte Käse und Petersilie mischen. Mit Salz und Pfeffer würzen. In die Kartoffeln füllen, in die gefetteten Mulden setzen. Übrigen Käse darüber streuen. Im vorgeheizten Backofen (Mitte, Umluft 180°) ca. 25 Min. backen.

fürs Büfett | herzhaft

Steinpilz-Kissen

FÜR 12 STÜCK

- 15 g getrocknete Steinpilze
  10 g frische Hefe
  1/2 TL Zucker
  150 g Mehl | Salz
  6 EL Öl
  1 Zwiebel (40 g)
  200 g Hackfleisch
  schwarzer Pfeffer
  1 Topf Majoran
  1 Eigelb

Zubereitung: 1 Std.
- Pro Stück ca.: 140 kcal

1 | Pilze abbrausen, in 150 ml heißem Wasser einweichen. Hefe zerbröckeln. Mit Zucker in 50 ml warmem Wasser auflösen. Ca. 10 Min. gehen lassen. Mit Mehl, Salz und 5 EL Öl verkneten. Zugedeckt ca. 20 Min. gehen lassen.

2 | Pilze abtropfen lassen, Sud auffangen. Die Pilze hacken. Zwiebel schälen, fein würfeln und in 1 EL Öl glasig dünsten. Fleisch darin krümelig braten. Pilze dazugeben, mit Einweichwasser ablöschen. Mit Salz und Pfeffer würzen. Schmoren, bis die Flüssigkeit verdampft ist. Den Majoran hacken und unterrühren. Backofen auf 225° vorheizen.

3 | Den Teig ausrollen (16 x 28 cm). Auf einer Hälfte mit einem Glas (6 cm ø) acht Kreise markieren. Jeweils in die Mitte etwas Hackfleisch geben. Eigelb und 2 EL Wasser verquirlen. Teigränder damit bestreichen. Andere Teighälfte darüber klappen, mit dem Glas ausstechen. Aus übrigem Teig und Hack wie beschrieben vier weitere Steinpilzkissen zubereiten.

4 | Kissen in die gefetteten Mulden legen und mit Eigelb bestreichen. Im vorgeheizten Backofen (Mitte, Umluft 200°) ca. 15 Min. backen.

im Bild vorne: **Meeresfrüchte-Kartoffeln** *im Bild hinten:* **Steinpilz-Kissen** ➤

schnell | für Gäste

Überbackene Medaillons

FÜR 12 STÜCK

- **12 Schweinemedaillons (à ca. 50 g)**
- **3 EL Öl**
- **Salz | schwarzer Pfeffer**
- **2 Tomaten (180 g)**
- **125 g Mozzarella**
- **1/2 Bund Basilikum**
- **1 EL eingelegte grüne Pfefferkörner**
- **150 g Magerjoghurt**
- **150 g Salatmayonnaise**
- **Fett für die Form**

Zubereitung: 30 Min.
➤ Pro Stück ca.: 165 kcal

1 | Fleisch trockentupfen und im Öl von beiden Seiten ca. 3 Min. anbraten. Mit Salz und Pfeffer würzen.

2 | Tomaten in je sechs und Käse in zwölf Scheiben schneiden. Das Basilikum waschen. Blättchen abzupfen. Backofen auf 225° vorheizen.

3 | Medaillons, Tomaten und Mozzarella in die gefetteten Mulden schichten, dabei immer ein Blatt Basilikum dazwischen legen. Im heißen Backofen (Mitte, Umluft 200°) ca. 10 Min. backen.

4 | Inzwischen grünen Pfeffer hacken. Mit Joghurt und Mayonnaise verrühren. Mit Salz und Pfeffer würzen. Zu den Medaillons reichen.

➤ Getränk: trockener Rosé

schnell | exotisch

Steinbeißer in Pergament

FÜR 12 STÜCK

- **600 g Steinbeißerfilet**
- **1 EL Zitronensaft**
- **Salz | weißer Pfeffer**
- **50 g grüne Oliven (ohne Stein)**
- **1 Topf Estragon**
- **6 Zitronenscheiben**
- **5 EL Olivenöl**
- **150 g Crème fraîche**
- **150 g Sahnequark**
- **Pergamentpapier**

Zubereitung: 45 Min.
➤ Pro Stück ca.: 155 kcal

1 | Fisch trockentupfen, eventuell vorhandene Gräten herausziehen. Fisch in zwölf gleichgroße Würfel schneiden. Mit Zitronensaft beträufeln, salzen und pfeffern. Oliven in Scheiben schneiden. Estragon waschen und die Blätter abzupfen. Die Zitronenscheiben halbieren.

2 | Aus dem Pergamentpapier 24 Quadrate (ca. 20 x 20 cm) schneiden. Je zwei Stück aufeinanderlegen und mit 3 EL Öl bestreichen. Backofen auf 225° vorheizen. Fisch, Oliven, Hälfte Estragon und Zitronenstücke auf die Papierquadrate schichten, mit 2 EL Öl beträufeln und im Papier einschlagen. Päckchen in die Mulden des Muffinblechs legen. Im vorgeheizten Backofen (Mitte, Umluft 200°) ca. 20 Min. backen.

3 | Den restlichen Estragon hacken und mit der Crème fraîche und dem Quark verrühren. Mit Salz und Pfeffer würzen. Die Crème fraîche-Sauce zu den Fischpäckchen servieren.

➤ Beilage: gemischter Salat
➤ Getränk: Weißwein, z. B. Grauburgunder

im Bild vorne: **Steinbeißer in Pergament** *im Bild hinten:* **Überbackene Medaillons** ➤

Feine Fingerfood-Minis

Mini-Happen von der Hand in den Mund werden immer beliebter. Die kleinen Snacks kann man ohne großen Aufwand servieren. Ob Pfirsich-Roquefort-Törtchen, Zucchinipuffer oder Profiteroles – diese raffinierten Kleinigkeiten aus der Mini-Muffinform schmecken einfach köstlich und sind ideale Begleiter zu Prosecco, Wein und Bier!

Blitzrezepte

Gratinierte Tomaten

FÜR 12 STÜCK

➤ 12 Kirschtomaten (ca. 250 g) | 24 Basilikumblätter | 12 Scheiben Bacon (Frühstücksspeck) | schwarzer Pfeffer
1 EL Öl für die Form

1 | Tomaten und Basilikum waschen und trockentupfen. Backofen auf 225° vorheizen.

2 | Tomaten erst mit je 2 Basilikumblättern, dann mit je 1 Speckscheibe fest umwickeln. Die Tomaten mit Pfeffer bestreuen und in die geölten Mulden einer Mini-Muffinform setzen.

3 | Im vorgeheizten Ofen (Mitte, Umluft 200°) ca. 15 Min. backen. Dazu schmeckt Ciabatta-Brot oder Baguette.

Zwiebel-Toasts

FÜR 12 STÜCK

➤ 100 g rote Zwiebeln | 2 Lauchzwiebeln
4 EL Olivenöl | Salz | schwarzer Pfeffer
3 Scheiben Toastbrot | 100 g Greyerzer

1 | Die Zwiebeln schälen und in Streifen schneiden. Lauchzwiebeln putzen und in Ringe schneiden. Beides in 1 EL Öl ca. 5 Min. dünsten. Mit Salz und Pfeffer würzen. Toasts quer halbieren und aus jeder Hälfte zwei Scheiben (ca. 6 cm ø) ausstechen. Mit 2 EL Öl bepinseln. Käse reiben. Backofen auf 200° vorheizen.

2 | Toasts in die geölten Mini-Mulden legen. Zwiebelfüllung darauf verteilen. Mit Käse bestreuen. Im vorgeheizten Ofen (Mitte, Umluft 180°) ca. 15 Min. backen.

pikant | gelingt leicht

Pfirsich-Roquefort-Törtchen

FÜR 12 STÜCK

➤ **30 g Walnusskerne**
1 Ei (Gew.-Kl. M)
80 g Mehl
30 g kalte Butter
Salz
100 g Pfirsiche (Dose)
50 g Roquefort
1 EL Sahne
weißer Pfeffer | Muskat
Fett für die Form

Zubereitung: 45 Min.
Kühlzeit: 1 Std.
➤ Pro Stück ca.: 90 kcal

1 | Die Walnüsse fein mahlen. Das Ei aufschlagen und verquirlen. Hälfte vom Ei, Walnüsse, Mehl, Butter in Stückchen und 1 Prise Salz zu einem glatten Teig verkneten. Zugedeckt ca. 1 Std. kühl stellen.

2 | Pfirsiche in kleine Würfel schneiden. Roquefort mit einer Gabel fein zerdrücken. Mit übrigem Ei und Sahne verrühren. Mit Salz, Pfeffer und Muskat würzen.

3 | Backofen auf 225° vorheizen. Teig zu zwölf gleich großen Kugeln formen, zwischen Klarsichtfolie rund (ca. 7 cm ø) ausrollen. In die gefetteten Mulden eines Mini-Muffinblechs legen. Teig am Boden und Rand festdrücken.

4 | Pfirsiche und Käsesahne in die Teigmulden geben. Im vorgeheizten Backofen (unten, Umluft 200°) ca. 20 Min. goldbraun backen.

➤ Beilage: Blattsalate
➤ Getränk: Rotwein

TIPP

Sollte Ihnen der Roquefort zu intensiv schmecken, ersetzen Sie ihn einfach durch anderen Edelpilzkäse, z. B. Gorgonzola.

vegetarisch | fürs Büfett

Zucchinipuffer mit Hüttenkäse

FÜR 12 STÜCK

➤ **1 Kartoffel (60 g)**
1 Zucchino (100 g)
1 kleine Zwiebel
1 Eigelb (Gew.-Kl. M)
1 EL (10 g) Speisestärke
Salz | weißer Pfeffer
80 g Hüttenkäse
1 EL Zitronensaft
6 TL Tapenade (franz. Olivenpaste; aus dem Glas)
beschichtete Alufolie

Zubereitung: 30 Min.
➤ Pro Stück ca.: 35 kcal

1 | Backofen auf 225° vorheizen. Kartoffel schälen, waschen und grob raspeln. Zucchino putzen und grob raspeln. Zwiebel schälen und fein würfeln. Vorbereitete Zutaten mit Eigelb und Speisestärke verrühren. Mit Salz und Pfeffer würzen.

2 | Masse in die mit gefetteter beschichteter Alufolie ausgelegten Muffinmulden verteilen und jeweils eine Mulde hineindrücken. Im vorgeheizten Ofen (unten, Umluft 200°) ca. 15 Min. backen.

3 | Inzwischen Hüttenkäse mit Zitronensaft, Salz und Pfeffer abschmecken. In die Zucchinipuffer füllen. Die Tapenade darauf verteilen.

➤ Getränk: trockener Weißwein, z. B. Riesling

exotisch | scharf

Avocado-Pralinen

FÜR 12 STÜCK

- **4 Blatt weiße Gelatine**
- **1 reife Avocado (ca. 200 g)**
- **2 EL Limettensaft**
- **2 rote Chilischoten**
- **80 ml ungesüßte Kokosmilch (Dose)**
- **Salz | 80 g Sahne**
- **12 küchenfertige Garnelen (à ca. 20 g)**
- **1 Knoblauchzehe**
- **2 EL Öl**

Zubereitung: 20 Min.
Kühlzeit: 3 Std.
Pro Stück ca.: 95 kcal

1 | Gelatine einweichen. Avocado halbieren, entkernen und schälen. Avocado mit Limettensaft pürieren. Chilischoten entkernen und waschen. 1 Schote hacken, mit Püree und Kokosmilch verrühren. Salzen.

2 | Gelatine ausdrücken, auflösen und mit 3 EL Püree verrühren. Mit der übrigen Avocadocreme vermischen. Sahne steif schlagen und unterheben. Masse in die mit Klarsichtfolie ausgelegten Mini-Mulden verteilen. Zugedeckt ca. 3 Std. kühl stellen.

3 | Übrige Chilischote in Ringe schneiden. Garnelen trockentupfen. Knoblauch schälen und hacken. Mit den Garnelen im Öl ca. 4 Min. braten. Avocado-Pralinen aus den Mulden lösen. Mit Garnelen und Chili garnieren.

Klassiker auf neue Art

Überraschungs-Brioches

FÜR 12 STÜCK

- **10 g frische Hefe**
- **1/2 TL Zucker**
- **3 EL lauwarme Milch**
- **100 g Mehl**
- **40 g Butter**
- **1 Ei (Gew.-Kl. M)**
- **Salz**
- **4 Scheiben Frühstücksspeck**
- **12 schwarze Oliven (ohne Stein)**
- **Fett für die Form**

Zubereitung: 45 Min.
Ruhezeit: 50 Min.
Pro Stück ca.: 135 kcal

1 | Hefe zerbröckeln. Mit dem Zucker in der Milch auflösen. Zugedeckt an einem warmen Ort ca. 10 Min. gehen lassen. Mehl in eine Schüssel sieben. In die Mitte eine Mulde drücken. Hefemilch zugießen.

2 | Die Butter schmelzen. Ei verquirlen. Hälfte Ei, Butter und 1 Prise Salz zum Mehl geben. Alles glatt verkneten. Zugedeckt an einem warmen Ort ca. 30 Min. gehen lassen.

3 | Muffinmulden fetten. Speck quer dritteln. Je ein Speckdrittel um eine Olive wickeln. Teig durchkneten, in zwölf gleich große Stücke teilen. Aus jedem Stück eine große und eine kleine Kugel formen, dabei große Kugeln mit je einer umwickelten Olive füllen.

4 | Große Kugeln in die Mulden verteilen. Kleine Kugeln darauf setzen. Brioches weitere 10 Min. gehen lassen. Den Backofen auf 200° vorheizen.

5 | Die Brioches mit übrigem Ei bestreichen. Im vorgeheizten Backofen (Mitte, Umluft 180°) ca. 15 Min. backen.

im Bild links: **Avocado-Pralinen** *im Bild rechts:* **Überraschungs-Brioches**

schnell | gelingt leicht

Pikante Profiteroles

FÜR 12 STÜCK

- 20 g Butter
  Salz | 50 g Mehl
  1 Ei (Gew.-Kl. S)
  4 Stängel glatte Petersilie
  4 Stängel Thymian
  100 g Mascarpone
  50 g Crème fraîche
  Cayennepfeffer

Zubereitung: 30 Min.
Abkühlzeit: 30 Min.
- Pro Stück ca.: 85 kcal

1 | Backofen auf 225° vorheizen. Butter, 1 Prise Salz und 75 ml Wasser aufkochen. Das Mehl zugeben und so lange rühren, bis sich der Teig als Kloß vom Topfboden löst.

2 | Teig in eine Schüssel geben. Ei unterrühren. Teig in einen Spritzbeutel mit Lochtülle (Gr. 10) füllen und in die gefetteten Mulden eines Mini-Muffinblechs spritzen. Im vorgeheizten Ofen (Mitte, Umluft 200°) ca. 20 Min. backen.

3 | Inzwischen Kräuter waschen, trockenschütteln und Blättchen fein hacken. Mascarpone, Crème fraîche und Kräuter verrühren. Mit Salz und Cayennepfeffer würzen.

4 | Profiteroles abkühlen lassen. Mascarponecreme in einen Spritzbeutel mit kleiner Lochtülle füllen. Profiteroles mit der Lochtülle einstechen und mit der Creme füllen.

pikant | gelingt leicht

Tandoori-Toasts

FÜR 12 STÜCK

- 200 g Hähnchenfilets
  1 TL Tandoori-Gewürz (Asiageschäft)
  Salz
  150 g Sahnejoghurt
  3 Scheiben Toastbrot
  50 g Mango-Chutney
  weißer Pfeffer
  Koriander zum Garnieren
  Öl für die Form

Zubereitung: 30 Min.
Marinierzeit: 6 Std.
- Pro Stück ca.: 55 kcal

1 | Fleisch waschen, trockentupfen und in zwölf Streifen schneiden. Tandoori-Gewürz, Salz und 50 g Joghurt verrühren. Fleischfilets darin wenden. Zugedeckt ca. 6 Std. marinieren.

2 | Backofen auf 200° vorheizen. Toast quer halbieren und je zwei Scheibchen (4 cm ø) ausstechen. Brot in die geölten Muffinmulden legen. Je 1 Stück Filet aufrollen und darauf legen. Im vorgeheizten Backofen (oben, Umluft 180°) ca. 20 Min. backen.

3 | 100 g Joghurt und Chutney verrühren. Mit Salz und Pfeffer abschmecken. Filet mit Koriander garnieren. Den Dip extra dazu reichen.

TIPPS

- Sollten Sie kein **Tandoori-Gewürz** bekommen, machen Sie es einfach selbst aus etwas Muskat, Pfeffer, Paprika-, Kreuzkümmel-, Chili-, Koriander- und Kurkumapulver.
- Die Profiteroles lassen sich leichter mit einer speziellen **Fülltülle** füllen, die es im Fachhandel zu kaufen gibt.

im Bild vorne: **Tandoori-Toasts** *im Bild hinten:* **Pikante Profiteroles** ➤

schmeckt auch kalt

Erbsen-Tartes

FÜR 12 STÜCK

➤ **100 g Mehl**
60 g kalte Butter
1 Eigelb (Gew.-Kl. M)
Salz
80 g TK-Erbsen
1 kleine Zwiebel (20 g)
20 g Frühstücksspeck
1/2 Bund Petersilie
30 g Emmentaler
3 EL Sahne
1 Ei (Gew.-Kl. M)
weißer Pfeffer
Fett für die Form

Zubereitung: 1 Std. 15 Min.
➤ Pro Stück ca.: 115 kcal

1 | Mehl, 50 g Butter in kleinen Stückchen, Eigelb, Salz und 1–2 TL eiskaltes Wasser zu einem glatten Teig verkneten. Den Teig zugedeckt ca. 30 Min. kühl stellen.

2 | Inzwischen Erbsen auftauen lassen. Die Zwiebel schälen und fein würfeln. Speck in kleine Stücke schneiden. 10 g Butter in einer Pfanne erhitzen. Zwiebel und Speck darin glasig dünsten. Erbsen zugeben. Die Petersilie waschen, trockenschütteln, hacken und unterrühren. Den Käse fein reiben. Sahne und Ei verquirlen. Den Käse unterrühren. Mit Salz und Pfeffer würzen.

3 | Backofen auf 200° vorheizen. Teig in zwölf gleich große Stücke teilen, zu Kugeln formen und zwischen Klarsichtfolie jeweils rund (ca. 6 cm ø) ausrollen. Teig in die gefetteten Mulden einer Mini-Muffinform legen und am Boden und Rand festdrücken. Den Teig mehrmals mit einer Gabel einstechen.

4 | Erbsengemisch in den Teigmulden verteilen. Eiersahne darüber gießen. Im vorgeheizten Ofen (unten, Umluft 180°) ca. 25 Min. goldbraun backen.

fürs Büfett | kalorienarm

Gebackene Rote Beten

FÜR 12 STÜCK

➤ **6 Rote Beten (à ca. 50 g)**
1 Kartoffel (80 g)
50 g mittelalter Gouda
1/2 Bund Dill
1 Eigelb (Gew.-Kl. M)
50 g Nordseekrabbenfleisch
Salz | schwarzer Pfeffer
Fett für die Form

Zubereitung: 1 Std.
➤ Pro Stück ca.: 35 kcal

1 | Rote Beten und Kartoffel waschen und ca. 20 Min. kochen. Abgießen, abschrecken und jeweils die Schale abziehen.

2 | Käse reiben. Die Hälfte Dill waschen, trockenschütteln und fein schneiden. Rote Beten halbieren und mit einem Kugelausstecher aushöhlen, dabei einen ca. 1 cm breiten Rand stehen lassen. Inneres und Kartoffeln mit einer Gabel fein zerdrücken. Eigelb, Käse, bis auf 2 EL, Krabben und Dill unterrühren. Salzen und pfeffern.

3 | Backofen auf 200° vorheizen. Rote Beten in die gefetteten Mini-Mulden setzen. Den übrigen Käse darüber streuen. Rote Beten im vorgeheizten Ofen (Mitte, Umluft 180°) ca. 15 Min. backen. Mit übrigem Dill garnieren.

im Bild rechts: Erbsen-Tartes *im Bild links:* Gebackene Rote Beten ➤

Glossar

Bergkäse
Diese Spezialität wird in vielen Regionen der Alpenländer hergestellt. Die Milch für den Käse mit dem charakteristischen Haselnussgeschmack für diese leicht pikante Käsesorte stammt von hoch gelegenen Weiden.

Chinareisnudeln
Nudeln, die aus Reismehl hergestellt werden. Sie ähneln den so genannten Glasnudeln aus Mungobohnenstärke, sind jedoch nicht wie diese nach dem Garen durchsichtig.

Curry-Paste
Scharfe Paste, die thailändische und indische Hausfrauen nach unterschiedlichen Rezepturen selbst herstellen oder die es fertig zu kaufen gibt. Curry-Pasten bestehen meist aus roten oder grünen Chilischoten, Knoblauch und Schalotten, die mit Zitronengras, diversen Gewürzen und Salz abgeschmeckt werden. Sie sind sehr scharf und sollten deshalb vorsichtig dosiert werden.

Klebreis
Sehr stärkehaltiger und kurzkörniger Reis, der beim Dämpfen oder Kochen ziemlich weich und klebrig wird. Er lässt sich gut dekorativ formen.

Kokosnussmilch
Nicht zu verwechseln mit dem Kokoswasser, das die Nüsse beim Schütteln so schön glucksen lässt. Kokosnussmilch wird aus frischen Kokosraspeln mit Wasser oder Milch zubereitet und ist unverzichtbarer Bestandteil der asiatischen Küche. Es gibt sie in Dosen als flüssige Milch oder dicken Extrakt, als Pulver oder festes Konzentrat. Bei uns sind diese Produkte in Asialäden erhältlich.

Kreuzkümmel
Wird auch Cumin genannt. Kreuzkümmel stammt aus dem Orient, wo er, wie auch in vielen asiatischen Ländern, ein sehr beliebtes Gewürz ist. Sein Aroma erinnert ein wenig an Kümmel, ist aber brennender, etwas bitterer und sehr intensiv. Die sichelförmigen Körner werden ganz oder gemahlen angeboten.

Limetten
Leuchtend grüne Zitrusfrüchte, auch Limonen genannt, die wie Zitronen verwendet werden. Sie sind jedoch saftiger und feiner im Geschmack. Ihr Saft rundet Currygerichte ab, aromatisiert tropische Früchte und ist ein Muss in der mexikanischen Spezialität Guacamole, einem Avocado-Dip.

Mozzarella
Weltberühmter Brühkäse aus Italien, der Pizza ihren charakteristischen Geschmack verleiht und mit Tomaten und Basilikum kombiniert die beliebte Caprese-Vorspeise bildet. Ursprünglich werden die weißen Käsekugeln aus Büffelmilch hergestellt, auf Grund der großen Nachfrage heute aber vor allem aus Kuhmilch. Mozzarella di Bufala ist aromatisch und hat einen angenehm säuerlichen Geschmack.

Parmaschinken
Eine italienische Spezialität aus der gleichnamigen Stadt in der Emilia-Romagna. Der luftgetrocknete, nur gesalzene und nicht geräucherte Schinken reift mindestens 10–12 Monate lang. Am besten schmeckt er hauchdünn geschnitten und mit frisch gemahlenem Pfeffer bestreut.

Pinienkerne
Samenkerne aus den Zapfen einer speziellen Pinienart. Erst nach zehn Jahren trägt der Baum die Zapfen, in denen die Kerne stecken. Sie sind deshalb recht teuer, schmecken süßlich, leicht nach Mandeln und sind wichtige Zutat im Pesto.

Rauke
Auch Rucola genannt. Das Kraut schmeckt sehr würzig und pfeffrig. Meist wird Rucola als Blattsalat gegessen. Die zarten Blätter welken sehr schnell, darum sollte man sie recht bald nach dem Einkauf zubereiten und nicht lagern.

Steinbeißer
Meeresfisch, der mehr als 1 Meter lang wird. Das helle, feste Fleisch ist sehr schmackhaft und lässt sich vielfältig zubereiten. Steinbeißer kommt auch als Katfisch in den Handel, der aber nicht mit dem beliebten »catfish«, dem amerikanischen Wels, zu verwechseln ist.

Süß-saure Sauce
Asiatische, leicht gebundene kalte Sauce aus Ananas, Paprika, Reisessig, Zucker und Gewürzen. Ideal als Beilage oder zum Abschmecken von fernöstlichen Fleisch- und Fischgerichten. Bei uns gibt's die Sauce im Lebensmittelladen.

Wachteleier
Die rund 10 g leichten Eier des Wildgeflügels kommen nur noch aus Zuchtbetrieben, da das Sammeln der Eier verboten ist. Gekocht oder als Mini-Spiegelei sehen die Eier sehr dekorativ aus.

Essdolmetscher

Bacon
Britische Bezeichnung für dünn geschnittenen Frühstücksspeck, der nicht zu fett sein sollte. Kross gebraten, mit Eiern und Tomaten, gehört er zum »Breakfast«.

Brioches
Lockerleichtes, meist zartsüßes Hefegebäck, das in unterschiedlichen Größen, aber immer in der speziellen Briocheform gebacken wird. Franzosen lieben ihre »Doppelkugeln« frisch, warm und pur zum Frühstück oder Kaffee.

Coppa
Eine von vielen Spezialitäten aus der italienischen Region Emilia-Romagna ist Coppa. Diese Wurst ist ein gepökelter und luftgetrockneter Schweinenacken, die hauchdünn geschnitten als Antipasto gereicht wird.

Enchilada
Mexikanisches Nationalgericht aus Maisfladen, das mit Käse, Huhn, Fleisch oder Bohnen gefüllt und aufgerollt wird. Der Name Enchilada leitet sich von »enchilieren« ab, dem Würzen mit Chilis. Wenn die scharfen Sorten nicht selbst schon in den Röllchen sind, dann bestimmt in der Sauce, die zu den Enchiladas gereicht wird.

Moussaka
Bekannter, griechischer Auflauf aus Auberginen, Hack, Kartoffeln und Béchamelsauce. Sein Rezept stammt ursprünglich vom griechischen Festland.

Pesto
Italienische Pasta-Sauce aus Basilikum, Pinienkernen, Olivenöl, Pecorino oder Parmesan, Knoblauch und Pfeffer. Pesto, was übersetzt »geschlagen« oder »gestoßen« heißt, stammt aus Ligurien.

Pie
Eine art Pastete, für die eine herzhafte oder süße Grundlage in eine flache Form gefüllt, mit einem Teigdeckel belegt und dann gebacken wird. Berühmt sind die englische »steak and kidney pie« (Steak und Nieren) oder »apple pie«.

Polenta
Nahrhafter Maisgrieß in unterschiedlichen Mahlgraden. Polenta begleitet viele traditionelle Gerichte in Italien als Beilage. Dazu wird der Grieß in Salzwasser unter ständigem Rühren zu einem dicken Brei gekocht, auf ein Brett gestrichen und in Stücke geschnitten.

Profiteroles
Mini-Windbeutel aus Brandteig, die nach dem Backen mit süßen oder pikanten Cremes gefüllt werden. Übersetzt heißt das französische Wort »profiterole« »kleiner Gewinn« oder »kleines Geschenk«. Croquembouche, ein Turm aus süß gefüllten Profiteroles und mit Karamellfäden überzogen, ist ein berühmtes und extravagantes Dessert.

Pumpkin
Das englische Wort für Kürbis. Aus dem Gurkengewächs bereitet man Suppen, Gemüsebeilagen und Salate zu. Traditionell backt man in Amerika und England Pumpkin Pies zum Erntedankfest (Thanksgiving Day).

Tandoor(i)
Indischer, halbkugeliger Lehmofen, oft in der Erde versenkt, in dem man früher nur flaches Fladenbrot buk. Heute versteht man darunter auch Fleischgerichte, die in Joghurt und Gewürzen mariniert und gegrillt werden.

Tapenade
Provenzalische Olivenpaste aus schwarzen Oliven, Anchovisfilets, Knoblauch, Olivenöl, Thymian und Pfeffer. Auf geröstete Baguettebrotscheiben gestrichen ein wundervoller Begleiter zum Aperitif, z. B. Pastis.

Tarte
Aus dem Französischen übersetzt schlichtweg Kuchen. Tartes sind meist flache, runde Kuchen mit unterschiedlichen Teigen, die süß oder pikant sein können. Berühmt ist Tarte tatin, ein gestürzter, karamellisierter Apfelkuchen.

Timbale
So bezeichnet die Restaurantküche Förmchen und Schälchen, in denen Pasteten, Gemüse oder Ragouts zubereitet werden. Aber auch die Gerichte selbst nennen sich so, z. B. Reis-Timbale (S. 22).

Tortilla
In Spanien versteht man darunter ein Kartoffel-Eier-Omelette. In Südamerika ist eine Tortilla ein gebackener Maisfladen, der als Brot zum Essen gereicht oder meist köstlich gefüllt wird.

Yufka
Hauchdünnes, traditionelles Brot aus Anatolien. Yufka wird einfach so gegessen oder in Stücke geschnitten und mit einer Füllung aufgerollt und ausgebacken. Sie erhalten die Teigblätter in türkischen Lebensmittelgeschäften.

Zum Gebrauch

Damit Sie Rezepte mit bestimmten Zutaten noch schneller finden können, stehen in diesem Register zusätzlich auch beliebte Zutaten wie Kartoffeln oder Tomaten – ebenfalls alphabetisch geordnet und halbfett gedruckt – über den entsprechenden Rezepten.

Der Autor

Volker Eggers, gelernter Koch und Ernährungswissenschaftler, arbeitet als freier Food-Journalist in Hamburg. Als »Nordlicht« pflegt er eine besondere Liebe zur Nord- und Ostsee. Er isst gern frischen Fisch und Meeresfrüchte, was auch aus einigen Rezepten in diesem Buch hervorgeht. Daneben schätzt er die bodenständige und schlichte Küche – besonders Gerichte mit Kartoffeln. Auch dafür hat er sich gern einige pikante, fantasievolle Rezepte aus der Muffinform einfallen lassen.

Der Fotograf

Jörn Rynio arbeitet als Fotograf in Hamburg. Zu seinen Auftraggebern gehören nationale und internationale Zeitschriften, Buchverlage und Werbeagenturen. Aus seinem Studio stammen alle Rezeptfotos in diesem Band. Tatkräftig unterstützt wurde er dabei von seiner Foodstylistin Petra Speckmann.

Bildnachweis

Alle Bilder: Jörn Rynio, Hamburg
außer: S. 6/7 Foodfotografie Teubner

Redaktionsleitung: Birgit Rademacker
Redaktion: Stefanie Poziombka
Lektorat: Christa Botar
Korrektorat: Susanne Elbert
Satz: Verlagssatz Lingner
Layout, Typografie und Umschlaggestaltung: Independent Medien Design, München
Herstellung: Helmut Giersberg
Reproduktion: Repro Schmidt, Dornbirn
Druck und Bindung: Appl, Wemding

ISBN 3-7742-5458-3

Auflage 5. 4. 3.
Jahr 2006 05 04

GRÄFE UND UNZER

Ein Unternehmen der
GANSKE VERLAGSGRUPPE

Das Original mit Garantie

Ihre Meinung ist uns wichtig. Deshalb möchten wir Ihre Kritik, gerne aber auch Ihr Lob erfahren. Um als führender Ratgeberverlag für Sie noch besser zu werden. Darum: Schreiben Sie uns! Wir freuen uns auf Ihre Post und wünschen Ihnen viel Spaß mit Ihrem GU-Ratgeber.

Unsere Garantie: Sollte ein GU-Ratgeber einmal einen Fehler enthalten, schicken Sie uns das Buch mit einem kleinen Hinweis und der Quittung innerhalb von sechs Monaten nach dem Kauf zurück. Wir tauschen Ihnen den GU-Ratgeber gegen einen anderen zum gleichen oder ähnlichen Thema um.

GRÄFE UND UNZER VERLAG
Redaktion Kochen
Postfach 86 03 25
81630 München
Fax: 089/41981-113
e-mail: leserservice@graefe-und-unzer.de

GU KÜCHENRATGEBER

Neue Rezepte für den großen Kochspaß

ISBN 3-7742-4888-5

ISBN 3-7742-4908-3

ISBN 3-7742-4898-2

ISBN 3-7742-6335-3

ISBN 3-7742-5460-5

ISBN 3-7742-4889-3

Das macht die GU Küchenratgeber zu etwas Besonderem:

- *Rezepte mit maximal 10 Hauptzutaten*
- *Blitzrezepte in jedem Kapitel*
- *alle Rezepte getestet*
- *Geling-Garantie durch die 10 GU-Erfolgstipps*

GU

Gutgemacht. Gutgelaunt.

Geling-Garantie für neue Ideen aus der Muffinform

1

SAUBER ARBEITEN

➤ Bei Muffins, für die die Mulden der Form mit einem Teig ausgelegt werden, darauf achten, dass von der Füllung, z. B. verquirltes Ei, nichts zwischen Teig und Mulde läuft. Es klebt an der Form fest, und der Muffin lässt sich nach dem Backen nicht mehr heil aus ihr herauslösen.

4

KEINE LUFTBLÄSCHEN

➤ Damit Mousses und Cremes, z. B. die Spargel-Terrinen (siehe S. 40), nach dem Gelieren nicht von Luftbläschen durchzogen sind, das Muffinblech nach dem Einfüllen 2–3-mal auf die Tischkante stoßen: So entweicht die Luft.

7

LEICHTES AUSROLLEN

➤ Die kleinen runden Mürbe- oder Hefeteigplatten zum Auslegen der Form sind auf bemehlter Arbeitsfläche recht schwierig auszurollen. Besser geht es, wenn Sie den Teig portionsweise zwischen Klarsichtfolie ausrollen.

8

FORM SCHONEND BEHANDELN

➤ Lösen Sie die Muffins nie mit einem Messer oder anderen scharfen Gegenständen aus den Mulden. Die Muffinform zerkratzt dabei, und beim nächsten Backen lassen sich die kleinen Gebäckstücke erst recht nicht mehr heil herausnehmen. Verwenden Sie lieber einen flexiblen Teigschaber (siehe auch Geräte und Utensilien, S. 10) oder Holzspieß.